essentials

essentials liefern aktuelles Wissen in konzentrierter Form. Die Essenz dessen, worauf es als „State-of-the-Art" in der gegenwärtigen Fachdiskussion oder in der Praxis ankommt. *essentials* informieren schnell, unkompliziert und verständlich

- als Einführung in ein aktuelles Thema aus Ihrem Fachgebiet
- als Einstieg in ein für Sie noch unbekanntes Themenfeld
- als Einblick, um zum Thema mitreden zu können

Die Bücher in elektronischer und gedruckter Form bringen das Expertenwissen von Springer-Fachautoren kompakt zur Darstellung. Sie sind besonders für die Nutzung als eBook auf Tablet-PCs, eBook-Readern und Smartphones geeignet. *essentials:* Wissensbausteine aus den Wirtschafts-, Sozial- und Geisteswissenschaften, aus Technik und Naturwissenschaften sowie aus Medizin, Psychologie und Gesundheitsberufen. Von renommierten Autoren aller Springer-Verlagsmarken.

Weitere Bände in der Reihe http://www.springer.com/series/13088

Marcus Moroff · Stefan Luppold

Planung und Umsetzung sicherer Events

Handeln und Lernen aus Erfahrungen bei Veranstaltungen

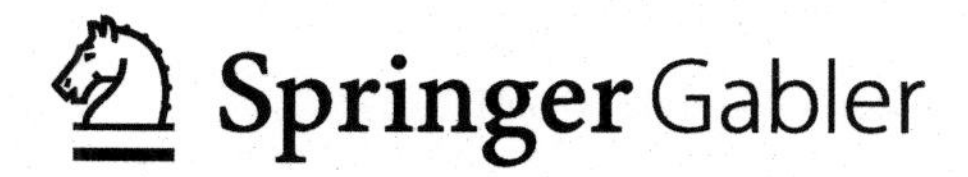

Marcus Moroff
PerEx GmbH
Stuttgart, Deutschland

Stefan Luppold
Duale Hochschule Baden-Württemberg
Ravensburg, Deutschland

ISSN 2197-6708 ISSN 2197-6716 (electronic)
essentials
ISBN 978-3-658-19715-5 ISBN 978-3-658-19716-2 (eBook)
https://doi.org/10.1007/978-3-658-19716-2

Die Deutsche Nationalbibliothek verzeichnet diese Publikation in der Deutschen Nationalbibliografie; detaillierte bibliografische Daten sind im Internet über http://dnb.d-nb.de abrufbar.

Springer Gabler

Gedruckt auf säurefreiem und chlorfrei gebleichtem Papier

Springer Gabler ist Teil von Springer Nature
Die eingetragene Gesellschaft ist Springer Fachmedien Wiesbaden GmbH
Die Anschrift der Gesellschaft ist: Abraham-Lincoln-Str. 46, 65189 Wiesbaden, Germany

Was Sie in diesem *essential* finden können

- Überblick über die sicherheitsrelevanten Themenbereiche für Events.
- Konzentrierte Darstellung zu beachtender Aspekte, an die im Zusammenhang mit Eventsicherheit oft nicht gedacht wird.
- Konkrete Anregungen zum Abprüfen Ihres aktuellen Sicherheitsstatus.
- Ganzheitlicher Ansatz zur Entwicklung einer Sicherheitskultur.
- Sofort umsetzbare Handlungsempfehlungen.
- Quellen und Links zu den relevanten Themenbereichen rund um „Sicherheit“.

Inhaltsverzeichnis

Intro 1

Sichere Events. Wir reden darüber, wir denken darüber nach und Sie haben diese Publikation in der Hand und befassen sich mit diesem Thema.

Das Thema ist beileibe nicht neu. Durch die *Loveparade* in Duisburg wurde schmerzlich bewusst, dass Sicherheit eine der tragenden Säulen darstellt, ohne die ein Eventerfolg immer gefährdet, immer infrage gestellt ist – und nicht nur ausbleiben, sondern zu einem kommunikationspolitischen Desaster werden kann.

Aktuell erleben wir, wie Events (zur Definition siehe u. a. Luppold 2013a) oder Eventlokationen (erläutert u. a. von Luppold 2013b) und -destinationen zum zufälligen Spielball terroristisch motivierter Taten werden. Nizza steht dafür als Synonym.

Die globalen Informationsstrukturen setzen uns über ein Eventunglück im entlegensten Winkel der Welt in Kenntnis, berichten live mit Bild und Ton – und vermitteln uns unterbewusst die Botschaft, dass „schon wieder was passiert ist".

Feiern, ausgehen, aber auch bedeutende und beeindruckende Veranstaltungen ausrichten und besuchen, Marken erlebbar machen, Produkte bei Messen präsentieren – die Anlässe sind erweiterbar und täglich entdecken wir glücklicherweise neue und wirkungsvolle Veranstaltungsideen. Wichtig bleibt, diese Anlässe unbeschwert genießen zu können!

Weder diffuse, nicht planbare Bedrohungen noch vermeidbare Sicherheitsdefizite dürfen hier als Hindernisse für die Verantwortlichen stehen – als Herausforderungen schon!

Im vorliegenden *essential* möchten wir Ihnen einen ganzheitlichen Ansatz vorstellen, bei dem Sicherheit als selbstverständliches Ergebnis entsteht (zu Grundlagen von „Sicherheit" siehe auch als Überblicksartikel Reithmann 2013).

M. Moroff und S. Luppold, *Planung und Umsetzung sicherer Events*,
essentials, https://doi.org/10.1007/978-3-658-19716-2_1

1.1 Sicherheitskultur

„Sicherheit – gibt's denn da nicht was in der Apotheke?"

Wir sind es gewohnt, uns nach Checklisten, Konzeptvorlagen und Vergleichbarem umzuschauen, um sowohl effizient (im Sinne von wirtschaftlich) als auch effektiv (im Sinne von Wirksam) zum Ziel zu kommen. Reicht das? Lässt sich „Sicherheit" dazu buchen wie ein „VIP-Catering"?

Sicherheit entsteht nicht durch das Erstellen von Konzepten oder das Hinzuziehen eines geeigneten Dienstleisters – Sicherheit entsteht aber insbesondere im Kopf *der Beteiligten,* muss von allen verinnerlicht und gelebt werden. Daraus entstehen brauchbare, belastbare, wirksame, gewollte und letztlich auch finanzierbare Konzepte, die gemeinsam umgesetzt werden. Jeder kann den Nutzen erkennen.

Faktisch benötigen wir eine Sicherheitskultur, deren Gerüst stabile Regelabläufe darstellen. Idealerweise kennen sich die Beteiligten mit ihren Stärken und Schwächen (die es grundsätzlich gibt!), schätzen sich und vertrauen einander. Einer passt auf den anderen auf – allen ist der Eventerfolg wichtig. Alle arbeiten konzeptionell, strukturiert und umsichtig.

Daraus entstehen jene stabilen Regelabläufe, die allen Beteiligten den notwendigen flexiblen Spielraum zu lassen, um Unvorhergesehenes so frühzeitig als möglich zu erkennen und adäquat darauf zu reagieren. Bestmögliche Ergebnisse und zufriedene Beteiligte sind automatisch die Folge.

In dieser Arbeitsatmosphäre haben die Beteiligten überhaupt erst die Chance, aufkommende Sicherheitsgefährdungen zu erkennen und darauf zu reagieren.

Ein kurzer Seitenblick: Wer kennt nicht die Events, bei denen die Hektik schon von weitem erkennbar ist? Unstrukturierte Vorbereitung, zu knapp kalkulierte Ressourcen, überforderte (Leitungs-)Kräfte: das System läuft im Normalbetrieb bereits am Limit. Ein Systemausfall, eine unklare Situation, eine überraschende Störung führt diese Veranstaltung unweigerlich in einen Risiko-Bereich, der mit einem Misserfolg enden kann. Ganz zu schweigen von den Auswirkungen rund um die Sicherheit.

Zurück zum Umfeld unserer erprobten, gelebten Regelabläufe. Dort ist Freiraum für ein qualifiziertes Störfallmanagement zur Schadenvermeidung oder deutlichen Schadenreduktion.

Die Anschläge am *Stade de France* in Paris und in der Altstadt von Ansbach zeigen eindrücklich, wie selbst Terrorfolgen zu minimieren sind. An beiden Ereignisorten haben die Einlasskräfte auch nach Beginn der Veranstaltung ihre Aufgabe vorbildlich und konzeptkonform wahrgenommen und das Vordringen der Täter zu den Besuchern und damit den Tod vieler Unschuldiger verhindert.

Die Installation einer gelebten Sicherheitskultur bei jeder Art von Veranstaltung ist das erklärte Ziel. Sicherheit muss auf Reflexniveau stattfinden, als „Autopilot im Kopf".

1.2 Wertschätzung

Menschen generieren sichere Events in einem Umfeld gelebter Sicherheitskultur.

Uns muss bewusst sein, dass wir diese Menschen ehrlich wertschätzen müssen. So erreichen wir die Menschen (unsere Mitarbeiter und die unserer Dienstleister), so vermitteln wir ihnen unsere Eventidee, so gewinnen wir sie für die Erreichung der Eventziele, so haben sie mit uns gemeinsam ein Interesse am Eventerfolg und machen mehr „als nur ihren Job".

Wertschätzung aktiviert bei allen Beteiligten Kräfte und eine Leistungsbereitschaft, die über andere Wege nicht erreichbar ist.

Entscheidend ist auch, dass wir unsere Wertschätzung allen Beteiligten – bis hin in die unterste Hierarchieebene – zuteilwerden lassen.

Was hat das mit Sicherheit zu tun?

Leitungskräfte erfassen nicht kontinuierlich alle Facetten eines Events. Wertgeschätzte Beteiligte sind unsere Augen an jeder Ecke und zu jedem Zeitpunkt der Veranstaltung. Sie bemerken Fehlentwicklungen im Entstehen, erkennen Gefahren und informieren rasch. So bleibt unter anderem eine längere Zeit, um zu reagieren.

1.3 Agilität

▶ **Agilität** (Management) **Agilität** ist ein Merkmal des Managements einer Organisation (Wirtschaftsunternehmen, Non-Profit-Organisation oder Behörde), flexibel und darüber hinaus proaktiv, antizipativ und initiativ zu agieren, um notwendige Veränderungen einzuführen (Wikipedia 2017a).

Eine vorhandene Sicherheitskultur ist keine Errungenschaft für die Ewigkeit. Sie ist Veränderungen unterworfen, sie muss konstant überdacht und laufend angepasst werden.

2 Planung mit Konzepten und gedanklichem Walk Through

Ein kreatives Event-Konzept wird dem Management präsentiert und erzeugt die gewünschte positive Zustimmung: Umsetzung mit einem definierten Budget. Das Ziel scheint erreicht.

Nicht selten wird beim Erarbeiten des Konzepts nicht vollständig zu Ende gedacht. Gewerke fehlen oder sind nicht in vollem Umfang kostenmäßig erfasst. In der Folge wird oft an sicherheitsrelevanten Stellen gespart – preiswertere Technik, kostengünstigeres Personal, reduzierte Ressourcen. Hier ist häufig die Quelle für das Entstehen von Sicherheitsproblemen zu finden.

Dem kann idealerweise mit einem qualifizierten **Veranstaltungskonzept** begegnet werden, das für jede Art und jeden Umfang von Events ganz oder in Teilen anwendbar ist – sowie mit einer verantwortungsvollen **Dienstleisterauswahl.**

2.1 Veranstaltungskonzept

Hierzu zählen die **Subkonzepte,** das **Risikomanagement, Klammerfaktoren,** die das Funktionieren der Konzepte gewährleisten, die **Verantwortlichkeiten** beim Events und **Haftungs- und Versicherungsfragen.**

2.2 Subkonzepte

Die steigende Eventkomplexität und neue Eventausprägungen (schneller, höher, weiter) schaffen immer neue Gewerke und in deren Folge erweiterte Konzepterfordernisse. Die nachfolgende Auswahl ist daher aktuell und beispielhaft, aber nicht statisch; die angesprochenen Konzepte sind stellvertretend aufgeführt.

M. Moroff und S. Luppold, *Planung und Umsetzung sicherer Events,* essentials, https://doi.org/10.1007/978-3-658-19716-2_2

Technik

Zu beachten ist die Technik der Lokation an sich (Facility Management), die Eventtechnik der Lokation (z. B. die Präsentationstechnik in Hotels) und die durch Fremddienstleister eingebrachte Veranstaltungstechnik sowie das Zusammenspiel der genannten Komponenten.

Das Management der **Haustechnik** folgt rechtlichen Vorgaben und oft den Regeln der Gesellschaft für Facility Management (GEFMA).

Entscheidend sind der Wartungszustand der Lokation mit allen Einrichtungen sowie die diesbezügliche Dokumentation.

Nachdem die Verantwortlichen – siehe entsprechenden Abschnitt in dieser Publikation – für die Einhaltung *aller* Vorschriften zuständig sind sei hier empfohlen, sich vom Facility Management den ordnungsgemäßen Zustand und die Funktionsfähigkeit bestätigen zu lassen. Es ist sinnvoll, das Facility Management zu verpflichten, Ausfälle, Abweichungen, etc. unaufgefordert und unverzüglich an den Verantwortlichen zu melden.

Beim Einsatz der **im Haus befindlichen Veranstaltungstechnik** gelten die einschlägigen Regeln, speziell bezüglich des Personals, das zum Einsatz befugt ist.

Wenig beachtet ist, dass beispielsweise für den in der Lokation vorhandenen Projektor („Beamer“) auch gilt, zuführende Kabel stolpersicher zu verlegen. Fluchtwege sind ebenfalls zu berücksichtigen.

Die vom Fremddienstleister **eingebrachte Veranstaltungstechnik** muss qualifiziert geplant und mit den Möglichkeiten (und Restriktionen) der Lokation abgeglichen werden. Der Fremddienstleister benennt einen Technischen Leiter, der als Ansprechpartner im Vorfeld und bei der Veranstaltung zur Verfügung steht.

Nachzuweisende Planungsgrößen sind Strombedarfe, sicherer Veranstaltungsbau, Verwendung geeigneter Materialien, eine abgestimmte Aufbau- und Abbaulogistik, ein detaillierter Bauzeitenplan, Informationen zu den anliefernden Fahrzeugen (u. a. Fahrzeug-Gesamtgewicht), ein passendes Personalkonzept für das Gewerk etc. (Rudeloff 2013).

Für Pyrotechnik und Lasertechnik sind spezifische Vorschriften zum verwendbaren Material und zur Qualifikation der Operator zu beachten.

Catering

Ein gelungenes Catering ist ein wesentliches Gestaltungselement für Events, mit einem hohen Erinnerungswert (Pommereau 2013).

Besondere zu beachten sind die Einhaltung der Hygienevorschriften (HACCP-Konzept: systematischer Ansatz, um unbedenkliche Lebensmittel zu gewährleisten), die Sicherstellung durchgängiger Kühlketten, eine Trennung von frischen Lebensmitteln von dem Rücklauf des benutzen Geschirrs, die Einrichtung von Handwaschgelegenheiten sowie für Gastronomiemitarbeiter getrennt vorzuhaltende Toiletten.

Bei der Festlegung der Catering-Details ist zu prüfen, ob die Lokation die entsprechende Infrastruktur bietet, bzw. ob die notwendigen Geräte dort betrieben werden dürfen. Konvektomaten (Heißluftdämpfer), Warmhalteplatten und Kaffeemaschinen benötigen in der Summe beachtenswerte Anschlusswerte und entwickeln Verbrauchsspitzen, die die gesamte Infrastruktur einer Lokation zum Erliegen bringen können.

Beim sogenannten Frontcooking entstehen Dämpfe, die Brandmeldesensoren auslösen können, gleiches gilt für die Gardämpfe beim Öffnen der Konvektomaten. Brandmeldeanlagen, auch Teile davon, dürfen nicht ohne Brandwache abgeschaltet werden.

Auch das Catering hat eine Führungskraft zu benennen, die für die Einhaltung der einschlägigen Vorschriften verantwortlich ist.

Ordnungsdienst

Der Ordnungsdienst trägt entscheidend zur Sicherheit der Veranstaltung bei. Oft ist der Ordnungsdienst am Parkplatz der erste Kontakt der Gäste mit der Veranstaltung, was ein entsprechend qualifiziertes Auftreten erfordert.

Die aktuellen Vorkommnisse führen dazu, dass der Ordnungsdienst vermehrt sensible Maßnahmen wie Taschenkontrolle und (stichprobenartige) Personenkontrollen vornehmen muss.

Eine definierte Qualifikation, ein korrektes Auftreten, angemessene Kleidung und passende Sprachkenntnisse sind Grundanforderungen an den Ordnungsdienst.

Der für die Veranstaltung benannte Leiter des Ordnungsdienstes ist der Ansprechpartner des Veranstaltungsverantwortlichen.

Sanitäts- und Rettungsdienst

Abhängig von Art und Umfang der Veranstaltung gibt es Vorgaben (Wikipedia 2017b) für die Einrichtung eines veranstaltungsbezogenen Sanitäts- und Rettungsdienstes. Unabhängig davon kann es sinnvoll sein, dass auch ohne rechtliche

Verpflichtung Sanitäter vorgehalten werden, wenn es beispielsweise die Gäste- struktur geboten erscheinen lässt.

Personal

Personal bei Veranstaltungen ist ein sehr umfassendes Thema mit vielen potenziellen Herausforderungen.

Mit den Gewerken ist vertraglich zu vereinbaren, auf welcher Basis Personal eingesetzt wird und es sind die Regeln zu definieren. Einzelaspekte sind in diesem Zusammenhang Werkvertragsleistungen, Arbeitnehmerüberlassung, Subunternehmereinsatz, Arbeitsberechtigungen, aber auch maximale Arbeitszeiten, Ruhezeiten, Qualifikation, Sprache.

Beim Einsatz von Freelancern muss die Problematik der Scheinselbstständigkeit beachtet werden.

Brandschutz

Der Brandschutz rückt zunehmend in den Fokus. Er muss seitens der Lokation regelgerecht vorhanden und bestätigt sein, er darf durch die in die Lokation eingebrachten Installationen nicht beeinträchtigt oder außer Kraft gesetzt werden und ein Ausfall z. B. der Brandmeldeanlage erfüllt das Kriterium zum Abbruch einer Veranstaltung.

Ist es veranstaltungsbedingt angedacht, Teile der Brandmeldeanlage zu deaktivieren, darf dies nur nach vorheriger Abstimmung mit der zuständigen Feuerwehr und dabei der Verabredung einer Brandsicherheitswache erfolgen. Die enge Zusammenarbeit mit der Feuerwehr als Teil der Behörden und Organisationen mit Sicherheitsaufgaben (BOS) ist grundsätzlich ratsam.

2.3 Risikomanagement

Beim Risikomanagement gilt es Risiken objektiv und seriös zu identifizieren, zu benennen, in ihren Auswirkungen zu beschreiben, Abhilfe schaffende Maßnahmen zu kreieren und dann erneut zu bewerten (Haag 2017).

Schutzziele

Schutzziele sind Aussagen oder Definitionen, die das Sicherheitsniveau der Veranstaltung bestimmen.

Die Sicherheit und Unversehrtheit aller Menschen bei der Veranstaltung (Gäste und eingesetzte Personen) ist zu betrachten, die Sicherheit der Infrastruktur (Lokation) ist von Bedeutung und bei Bedarf sind angrenzende Infrastrukturen mit zu bewerten.

Einflussfaktoren

Witterungsverhältnisse rücken als Einflussfaktor zunehmend in den Fokus. Die Witterung hat Einfluss auf Bau und Beschaffenheit beispielsweise von Open Air-Infrastrukturen; für die Gäste sind sichere Ausweichflächen zu definieren, die auch unter schlechten Witterungsbedingungen über geeignete Wege erreichbar sind.

Die absehbaren Lichtverhältnisse der Veranstaltung bedingen den Bau bestimmter Infrastrukturen (z. B. beleuchtete Notausgangsschilder).

Die geplante Veranstaltungsdauer generiert Anforderungen an Ruheinfrastrukturen, Personalwechsel u. v. m.

Rahmenbedingungen

Ergänzend zu den oben bereits erwähnten Aspekten muss hier auf die vorhandenen Ressourcen beim Parken, bei ÖPNV (Öffentlicher Personennahverkehr), beim Mobilfunk aber auch bei den zuständigen Kliniken und beim Rettungsdienst hingewiesen werden.

Risikoeinschätzung

Auf Basis der gewonnenen Informationen erfolgt die standardisierte Risikobeschreibung, Risikoeinschätzung, Beschreibung der Risikobegegnungsmaßnahmen und die daraus resultierende Neueinschätzung mit dem Ziel, das Risiko in einen akzeptiert beherrschbaren Bereich zu verorten.

Verbreitet ist die Risikomatrix nach Nohl, bei der Risiken hinsichtlich Eintrittswahrscheinlichkeit und Schadenshöhe eingestuft werden.

2.4 Klammerfaktoren

Jedes Gewerk für sich, jedes Risiko für sich, jedes Ereignis für sich stellen oft kein Problem dar. Aus dem Zusammenwirken vieler Komponenten, aus dem Zusammentreffen verschiedener Faktoren entstehen Situationen, die schwer oder nicht beherrschbar sind. Mit den nachfolgenden Klammerfaktoren wird dieses sogenannte Kumulationsrisiko bestmöglich reduziert.

Logistikabstimmung

Eine Lokation hat definierte Lieferantenzugänge, die unterschiedlich belastbar sind. Bestimmte Bereiche sind mit Lkw bis 40 t anfahrbar, andere nur mit geringeren Lasten. Es gibt Rampen, überdachte Anfahrten, lärmgeschützte Anfahrten (Lärmbelästigung der Nachbarn nachts) etc.

Nur an definierten Parkbereichen ist Strom vorhanden (Nightliner, Cateringkühlwagen, Rettungsfahrzeuge).

Innerhalb der Lokation gibt es Nutzungsmöglichkeiten und -einschränkungen, die zu beachten sind. Gangbreiten, Aufzugstiefen, Brandschutztüren, gesicherte Türen, freizuhaltenden Rettungswege, Feuerwehrschlüsseldepots: dies sind Punkte, die Einfluss auf die Logistikplanung einer Veranstaltung haben.

Die Veranstaltungsplanung an sich liefert Anforderungen an die zeitliche Logistikplanung. Das Rigg mit Licht, Ton und Video muss an die Decke bevor die Bühne darunter gebaut werden kann – und beim Abbau genau umgekehrt.

Die Erstellung der veranstaltungsübergreifenden Bauzeitenpläne erfordert große Erfahrung vom Ersteller und einen umfassenden Gewerkeüberblick sowie eine detaillierte Abstimmung mit den Gewerkeverantwortlichen.

Erfahrungsgestützte Bauzeitenplanungen enthalten Puffer für Anforderungen, die sich aus durchaus banalen Alltagssituationen ableiten lassen: der LKW mit der Veranstaltungstechnik verspätet sich um zwei Stunden.

Eventsimulation

Eine Veranstaltung mit 400 geladenen Gästen an runden Tischen mit acht Sitzplätzen, mit einem mehrgängigen Menü, mit einer außergewöhnlichen Awardverleihung und umrahmt von einzigartigen Künstlern: dies lässt sich nicht im Rahmen einer Generalprobe üben.

Hierzu bedarf es konzentrierter Arbeit am Schreibtisch mit qualitativ hochwertigen Plänen und guten Konzepten. In einem gedanklichen Walk Through taucht der Eventsimulator in die Rollen der beteiligten Akteure ein und prüft, ob das Geplante in der vorgesehenen Reihenfolge und am geplanten Ort sinnvoll machbar ist und zum gewünschten Erfolg führt. Sicherheitsaspekte und damit die Sicherheits-Perspektive spielen hier ebenfalls eine entscheidende Rolle.

Von zentraler Bedeutung ist der Walk Through **aus Sicht der Gäste,** für die der Event stattfinden wird. Beispielhaft ist nachfolgend ein Fragenkatalog zusammengestellt:

- Enthält das „Save the Date" neben den relevanten Daten auch das Datum der Veranstaltung? Tatsächlich kommt es immer wieder vor, dass dieses entscheidende Detail vergessen wird!
- Ist die Anfahrt in der Einladung gut beschrieben – sind Angaben für das Navigationssystem enthalten?
- Ist der Ordnungsdienstmitarbeiter an der Einfahrt adäquat beauftragt (Kleidung, Sprachen, Auftreten)?
- Ist der Eingang zur Veranstaltung vom Parkplatz aus zu finden? Ist ein Leitsystem erforderlich?
- Schlechtes Wetter: werden Schirme benötigt? Ist Personal zum Abholen der Gäste am Wagen verfügbar?
- Wie ist der Eingangsbereich gestaltet? Garderobe, Möglichkeit zum frisch machen, Toiletten, Begrüßung, Fotowand?
- Können alle Gäste bei Schlechtwetter zügig in die Lokation oder gibt es Warteschlangen im Außenbereich?
- Wo halten sich die Fahrer der VIP-Gäste auf?
- Wird ein Aperitif gereicht? Sind Abstellmöglichkeiten für leere Gläser vorhanden und Personal zum Abräumen?
- Finden die Gäste ihren Platz? Freie Platzwahl oder gesetzt? Existiert eine visuelle Tischübersicht oder gibt es Personal zum Leiten der Gäste?
- Sind die Tischabstände ausreichend, damit
  - sich die gesetzten Gäste gut bewegen können?
  - das Personal beim Speisen- und Getränkeservice genügend Arbeitsraum hat?
- Finden die Gäste von ihrem Platz aus alle erforderlichen Infrastrukturen?

- Stimmen die Sichtachsen von allen Plätzen zu den entsprechenden Programmpunkten des Events?
- Steht die Garderobe am Ende des Events richtig? Sind Give-aways vorgesehen? Werden diese ausgegeben?
- Ist der Rückweg zum Parkplatz beleuchtet?

Diese kleine Auswahl an Fragen verdeutlicht die Komplexität, auch jeweils mit Auswirkungen auf den reibungslosen Ablauf und die Sicherheit. Viele Gästeanfragen, Unsicherheiten und Ad-hoc-Änderungserfordernisse binden Personal, das an anderer Stelle eingeplant ist und dort fehlt. Dies genügt oft, um die Veranstaltung in einen instabilen Zustand zu versetzen.

Nachstehend ist der Walk Through an der Schnittstelle Catering/Gast beispielhaft aufgezeigt. Es ist empfehlenswert, dies für alle Gewerke durchzuführen.

Von zentraler Bedeutung für den Caterer sind die Strecken bzw. Entfernungen zum Gast:

- Kann vom geplanten Speisenausgabepunkt am Wärmepass die Speise beim am weitest entfernten Gast mit der geforderten Kerntemperatur ankommen?
  Gedanken hierzu: Meist werden Cateringausgaben im Rücken der Gäste gebaut, um diese während der Veranstaltung betreiben zu können. VIP-Tische befinden sich meist in unmittelbarer Nähe der Eventfläche – oft also am weitest entfernten Punkt.
- Ist genügend Arbeitsfläche für den Service im Bestuhlungsplan eingeplant?
- Wo lagern Getränkevorräte für den Tischservice in schnell erreichbarer Nähe?
- Gibt es optisch versteckte Rücklaufstationen, um beim Abräumen schnell zu sein und nicht mit dem Regieplan zu kollidieren?
- Reichen die Cateringzeiten im Ablaufplan aus?
- Wer informiert das Catering bei Verzögerungen und wer definiert verbindlich die Verzögerungszeit gegenüber dem Cateringverantwortlichen (erforderlich für den Start des Finish des entsprechenden Gangs und damit für dessen Qualität)?
- U. v. m.

Bei verschiedenen Gewerken, wie z. B. Technik, Bühnenbau, Messebau lohnt sich die Eventsimulation für die Phasen Eventbau und Eventrückbau, um sicherheitsrelevante und ablaufrelevante Stolpersteine zu finden.

Ein besonderer Klammerfaktor sind die Verantwortlichkeiten.

2.5 Verantwortlichkeiten

Bereits angesprochen wurden die Leiter der jeweiligen Gewerke, die über eine gewerkespezifische Qualifikation zu verfügen und diese auch nachzuweisen haben. Nachzuweisen gegenüber wem?

Die Musterversammlungsstättenverordnung (Leber 2013 und o. V. 2017) gibt im § 38 Hinweise dazu:

Pflichten der Betreiber, Veranstalter und Beauftragten

1. *Der Betreiber ist für die Sicherheit der Veranstaltung und die Einhaltung der Vorschriften verantwortlich.*
2. *Während des Betriebs von Versammlungsstätten muss der Betreiber oder ein von ihm beauftragter Veranstaltungsleiter ständig anwesend sein.*
3. *Der Betreiber muss die Zusammenarbeit von Ordnungsdienst, Brandsicherheitswache und Sanitätswache mit der Polizei, der Feuerwehr und dem Rettungsdienst gewährleisten.*
4. *Der Betreiber ist zur Einstellung des Betriebs verpflichtet, wenn für die Sicherheit der Versammlungsstätte notwendige Anlagen, Einrichtungen oder Vorrichtungen nicht betriebsfähig sind oder wenn Betriebsvorschriften nicht eingehalten werden können.*
5. *Der Betreiber kann die Verpflichtungen nach den Abs. 1 bis 4 durch schriftliche Vereinbarung auf den Veranstalter übertragen, wenn dieser oder dessen beauftragter Veranstaltungsleiter mit der Versammlungsstätte und deren Einrichtungen vertraut ist. Der Veranstalter ist verantwortlich für die Verpflichtungen, die er vertraglich übernommen hat. Die Verantwortung des Betreibers bleibt unberührt.*

Genannt sind Betreiber, Veranstalter und Veranstaltungsleiter.

Dem Betreiber der Lokation oder seinem beauftragten Veranstaltungsleiter kommt eine besondere Funktion zu.

Er hat über die Einhaltung der Vorschriften zu wachen, nicht bezogen auf die ihm bekannten oder der gegebenenfalls für das Event anwendbaren Vorschriften, sondern allumfassend. Des Weiteren hat er die Zusammenarbeit mit den sicherheitsrelevanten Strukturen zu gewährleisten und schließlich muss er den Betrieb einstellen, wenn die genannten Voraussetzungen für den sicheren Betrieb nicht mehr gegeben sind.

Das ist eine weitgehende Verantwortung, die von einem Einzelnen de facto nicht erbracht werden kann.

Aus diesem Grund ist es erforderlich, die Gewerkeverantwortlichen mit ihren den Gewerken entsprechenden Vorschriften- und Sicherheitskenntnissen bestmöglich mit einzubeziehen.

Bei Arbeitsbeginn werden die Verantwortlichen vom Betreiber oder seinem Veranstaltungsleiter in die Lokation eingewiesen; dabei wird vereinbart, dass das Gewerk fachgerecht arbeitet, die Sicherheitsbestimmungen einhält, nur Personal im vereinbarten Umfang und im Rahmen der Vorschriften einsetzt, die vorgeschrieben persönliche Schutzausstattung vorhält und lückenlos benutzt sowie auftretende Abweichungen, Schäden und Unfälle unverzüglich und unaufgefordert an den Betreiber oder seinen Veranstaltungsleiter gemeldet werden. Diese Einweisung und Vereinbarung wird protokolliert.

Der Betreiber ist dennoch verpflichtet, beim Gewerk auftretende, für ihn erkennbare Sicherheitsdefizite an den Gewerkeleiter, mit der Aufforderung, diese zu beseitigen, zu melden.

Kritisch ist die in Ziffer 5 genannte Verantwortungsweitergabe an den Veranstalter. Eine generelle Weitergabe der Aufgaben nach § 38 (1)–(4) der in dem jeweiligen Bundesland gültigen Verordnung, vielleicht sogar über die AGB, ist wirkungslos. Die Übergabe muss strukturiert, detailliert und schriftlich erfolgen.

Hier muss explizit sorgfältig vorgegangen werden, da im Zweifelsfall die Betreiberverantwortung unberührt bleibt.

2.6 Haftung/Versicherung

Für die einzelnen Akteure bei Veranstaltungen ist der Abschluss einer qualifizierten Versicherung mit detaillierter Benennung der zu versichernden Risiken unbedingt zu empfehlen, da die Verantwortung immer direkt bei der natürlichen Person liegt (Schwarz 2013).

2.7 Dienstleisterauswahl

Der Wahl des zu beauftragenden Dienstleisters ist definitiv von hoher sicherheitsrelevanter Bedeutung.

Arbeitet der Dienstleister angebotsentsprechend? Ist das eingesetzte Material vorschriftenentsprechend geprüft? Wird fachgerecht gebaut? Verfügt das eingesetzte Personal über die verabredete Qualifikation? Werden die gesetzlichen Arbeitszeiten eingehalten (oder kommt das Personal bereits von einer anderen Veranstaltung)?

Juristen sprechen hier von der Wahrnehmung der Auswahlverantwortung (als Teil der Verkehrssicherungspflicht, siehe hierzu auch Waetke 2017), woraus sich ableiten lässt, dass bekannte, relevante Defizite bei der Auswahlentscheidung berücksichtigt werden müssen.

Es gibt keine Leitlinie für „gute Dienstleister". Der teuerste ist nicht immer der beste, der preiswerteste nicht automatisch der schlechteste. Das Gesamtpaket muss passen. Eine qualifizierte Recherche erbringt oft entscheidungsrelevante Erkenntnisse; es macht Sinn, diese zu dokumentieren, um bei Bedarf die ernsthafte Wahrnehmung der Auswahlverantwortung belegen zu können.

3 Realisierung

Schließlich ist es erforderlich, die Planungen verantwortungsvoll umzusetzen.

3.1 Komponenten

Entwickelte, belastbare Konzepte, die mit den genannten Klammerfaktoren qualitätsgesichert wurden, ermöglichen sichere Regelabläufe, deren Rückgrat aus folgenden Komponenten besteht:

- Verantwortliche – benennen und in den Rollen wirken lassen
- Veranstaltungsleitung (Betreiber, Veranstalter oder jeweiliger Veranstaltungsleiter) – installieren
- Integration der Gewerkeverantwortlichen in den Gesamtprozess
- Umsetzen der geplanten Konzepte und der geplanten Maßnahmen aus dem Risikomanagement
- Durchgängige und vollumfängliche Protokollierung

Dennoch kann es immer wieder zu Einflüssen kommen, die Änderungen erzwingen.

3.2 Abweichungsmanagement

Ein vorbereitetes Abweichungsmanagement hilft bei der verlustfreien Abarbeitung von Störeinflüssen.

M. Moroff und S. Luppold, *Planung und Umsetzung sicherer Events*,
essentials, https://doi.org/10.1007/978-3-658-19716-2_3

Erkennen

Über die eingangs beschriebene Sicherheitskultur gewinnen die Verantwortlichen Freiräume, die es ihnen erlauben, aufkommende Störeinflüsse zu erkennen.

Wertgeschätztes Personal hilft, wie erläutert, beim Erkennen und gegebenenfalls Beurteilen – und gibt wichtige Hinweise.

Handlungsbedarf festlegen

Die Kenntnis der eigenen Strukturen, der vorhandenen (geplanten) Reserven und der im System befindlichen (nicht geplanten) Reserven, erlaubt eine zügige, zielgerichtete Anpassungsplanung.

Handlungspartner auswählen

Die Dienstleister für die einzelnen Gewerke stellen als Handlungspartner wichtige Ressourcen zur Verfügung. Weitsichtig ausgewählte Dienstleister verfügen jetzt über Reserven (haben z. B. Material im spare), die helfen, die neue Anforderung zu lösen.

Risikomanagement nicht außer Acht lassen

Auch oder gerade bei Abweichungen müssen Erkenntnisse und Festlegungen bei der Risikoeinschätzung berücksichtigt werden. Eventuell finden sich dort bereits Lösungsansätze oder sonstige Hilfestellungen.

Außerdem müssen auftretende Abweichungen festgehalten und die getroffenen Entscheidungen dokumentiert werden.

Klare Aufträge und Verantwortlichkeiten definieren

Eindeutige und klar strukturierte Aufträge mit einer Festlegung der Verantwortlichen („Wer macht was bis wann?") sind zielführend.

Die Ursache für Umsetzungsprobleme ist häufig ein unklar formulierter Auftrag.

Dokumentation der Aufträge und deren Umsetzung

Die Dokumentation ist zur Qualitätssicherung und für eventuelle Nachfragen Dritter unabdingbar.

Auch bei offensichtlich erfolgreichen, reibungslos verlaufenen, aus Sicht der Gäste gelungenen Events ist es sinnvoll, diese einer Nachbetrachtung zu unterziehen.

4 Nachbetrachtung

Bei Abweichungen oder gar sicherheitsrelevanten Problemen ist diese Nachbetrachtung Pflicht.

Es ist anzuraten diese Nachbetrachtung von Veranstaltungen immer nach einem einheitlichen Schema vorzunehmen; dies macht sie vergleichbar.

Empfohlene Fragestellungen für die Nachbetrachtung:

- Funktionierten die Konzepte?
- War die Risikoeinschätzung korrekt?
- Haben die ausgewählten Dienstleister die erwarteten Leistungen erbracht?
- Gab es größere Abweichungen?
- Haben die Leitungsstrukturen funktioniert?
- Waren teure Nachbesserungen während des Ablaufs erforderlich? Was waren hier die Ursachen?
- Wurde situationsgerecht agiert?
- Welche Kundenrückmeldungen liegen vor?
- Welche Gewerkerückmeldungen gibt es?
- Welche Rückmeldungen von Behörden und anderen offiziellen Stellen sind eingegangen?

Erkenntnisse aus Nachbetrachtungen müssen zu konzeptionellen Änderungen der zukünftigen Veranstaltungen führen.

Der eigene Arbeitsstil gewinnt an Qualität, wenn er sich als ein lernendes System versteht und permanent weiterentwickelt.

M. Moroff und S. Luppold, *Planung und Umsetzung sicherer Events*, essentials, https://doi.org/10.1007/978-3-658-19716-2_4

5 Denkhilfen – Banales, Recherchen und Checklisten

5.1 Scheinbar Banales

Nehmen Sie als Verantwortungsträger immer mit:

- Uhr
- Block
- Stift
- Telefonliste
- Veranstaltungspläne
- Ablaufregieplan
- Visitenkarten
- Mobiltelefon
- Akkublock („Power Bank“) – lange Veranstaltungslaufzeit
- Funk – bei Bedarf

Checken Sie:

- Durchsageeinrichtungen
- Plantreue der gebauten Infrastrukturen
- Lokationsinfrastruktur – gehen Sie durch jeden Raum, zu jeder Garderobe, durch jede Toilette …
- Infrastrukturen der Gewerke – Parkbereiche, Gastrobereich etc.

M. Moroff und S. Luppold, *Planung und Umsetzung sicherer Events*,
essentials, https://doi.org/10.1007/978-3-658-19716-2_5

5.2 Recherchen

Die Recherche bezüglich der potenziellen Dienstleister wurde eingangs bereits beschrieben.

Als Veranstalter macht es Sinn, sich umfassend über geplante Lokationen und Vorerfahrungen anderer Veranstalter zu informieren.

Lokationsbetreiber sehen sich mitunter Anfragenden gegenüber, die

- möglicherweise für politische Gruppierungen mit erhöhtem Sicherheitsbedarf tätig sind oder
- Veranstaltungsthemen oder -inhalte repräsentieren, die besondere Publikumsreaktionen auslösen.

Bei Recherchen lassen sich Vorerfahrungen feststellen, die Einfluss auf Entscheidungen, die Planung und das Risikomanagement haben können.

5.3 Checklisten

Diverse Quellen bieten Checklisten und Anleitungen für viele verschiedene Situationen und Aufgabenstellungen. Einige der am Ende dieses *essentials* genannten nützlichen Links führen zu solchen Quellen.

Empfehlenswert ist es, diese Materialien an den eigenen Arbeitsstil, die eigenen Anforderungen anzupassen und damit zu einer wertigen Unterlage zu machen.

6 Zehn Grunderkenntnisse für sichere Events

1. Personal ist das wichtigste Gut und will wertgeschätzt sein!
2. Veranstaltungen sind dynamisch – Sicherheit muss dementsprechend agil und belastbar sein!
3. Konzepte bilden das Rückgrat jeder Veranstaltung!
4. Fehler lassen sich im gedanklichen Walk Through lokalisieren und bereinigen!
5. Ein objektives und seriöses Risikomanagement ist unerlässlich!
6. Die Kumulation kleiner Einzelprobleme generiert ein Sicherheitsproblem!
7. Problematisch geplante, nicht rund laufende Veranstaltungen verfügen nicht über freie Kapazitäten, mit denen spontan aufkommende Probleme erkannt und adäquat bearbeitet werden können!
8. Die Definition und Wahrnehmung der Rollen und Verantwortungen in der Veranstaltungshierarchie erzeugt eine reibungslose Führung!
9. Nachbetrachtungen von Veranstaltungen liefern die Grundideen für bessere, hochwertigere, sicherere Veranstaltungen in der Zukunft!
10. Sicherheitskultur ist das Ergebnis einer beabsichtigten Entwicklung!

M. Moroff und S. Luppold, *Planung und Umsetzung sicherer Events*,
essentials, https://doi.org/10.1007/978-3-658-19716-2_6

Was Sie aus diesem *essential* mitnehmen können

Erkenntnisse:

- Eventsicherheit ist kein Selbstläufer. Ein Sicherheitskonzept erzeugt noch keine Sicherheit.
- Die beteiligten Menschen erarbeiten Eventsicherheit in allen Funktionen und Gewerken gemeinsam. Wertschätzen, fordern und fördern sind elementare Schlüssel zur Zielerreichung.
- Sicherheit ist ein agiler Prozess.
- Sicherheit, die in allen Gewerken implementiert und gelebt wird, entwickelt sich zu einer belastbaren, reaktionsfähigen Sicherheitskultur.

Handlungsansätze:

- Im gesamten *essential* finden sich zu jedem angesprochenen Teilaspekt Anregungen und Anknüpfungspunkte, die direkt bei Ihrem nächsten Event anwendbar sind.

Quellen:

- Neben den konkreten Handlungsansätzen finden Sie in den Quellen eine breite Informationsbasis, die sich permanent erweitert.

M. Moroff und S. Luppold, *Planung und Umsetzung sicherer Events*,
essentials, https://doi.org/10.1007/978-3-658-19716-2

Literatur

Haag, P. (2017). Risikomanagement im Kongress-, Tagungs- und Konferenzmanagement. In C. Bühnert & S. Luppold (Hrsg.), *Praxishandbuch Kongress-, Tagungs- und Konferenzmanagement* (S. 253–278). Wiesbaden: Springer Gabler.

Leber, M. (2013). Musterversammlungsstättenverordnung. In M. Dinkel, S. Luppold, & C. Schröer (Hrsg.), *Handbuch Messe-, Kongress- und Eventmanagement* (S. 168–170). Sternenfels: Wissenschaft & Praxis.

Luppold, S. (2013a). Event. In M. Dinkel, S. Luppold, & C. Schröer (Hrsg.), *Handbuch Messe-, Kongress- und Eventmanagement* (S. 70–72). Sternenfels: Wissenschaft & Praxis.

Luppold, S. (2013b). Veranstaltungsstätte. In M. Dinkel, S. Luppold, & C. Schröer (Hrsg.), *Handbuch Messe-, Kongress- und Eventmanagement* (S. 220–221). Sternenfels: Wissenschaft & Praxis.

o. V. (2017). Musterversammlungsstättenverordnung. https://www.dthg.de/offsite-7/page86/. Zugegriffen: 12. Aug. 2017.

Pommereau, C. (2013). Catering. In M. Dinkel, S. Luppold, & C. Schröer (Hrsg.), *Handbuch Messe-, Kongress- und Eventmanagement* (S. 42–45). Sternenfels: Wissenschaft & Praxis.

Reithmann, J. (2013). Sicherheit. In M. Dinkel, S. Luppold, & C. Schröer (Hrsg.), *Handbuch Messe-, Kongress- und Eventmanagement* (S. 180–184). Sternenfels: Wissenschaft & Praxis.

Rudeloff, S. (2013). Veranstaltungstechnik. In M. Dinkel, S. Luppold, & C. Schröer (Hrsg.), *Handbuch Messe-, Kongress- und Eventmanagement* (S. 222–225). Sternenfels: Wissenschaft & Praxis.

Schwarz, A. (2013). Veranstaltungsversicherungen. In M. Dinkel, S. Luppold, & C. Schröer (Hrsg.), *Handbuch Messe-, Kongress- und Eventmanagement* (S. 226–229). Sternenfels: Wissenschaft & Praxis.

Waetke, T. (2017). Verkehrssicherung. https://eventfaq.de/verkehrssicherung/. Zugegriffen: 11. Aug. 2017.

Wikipedia. (2017a). Kollektive Intelligenz. https://de.wikipedia.org/wiki/Agilität. Zugegriffen: 11. Aug. 2017.

Wikipedia. (2017b). Maurer-Schema. https://de.wikipedia.org/wiki/Maurer-Schema. Zugegriffen: 11. Aug. 2017.

M. Moroff und S. Luppold, *Planung und Umsetzung sicherer Events*, essentials, https://doi.org/10.1007/978-3-658-19716-2

Weitere Normen, Vorschriften und nützliche Links

BaSiGo – Projekt Bausteine für die Sicherheit von Großveranstaltungen: http://www.basigo.de/: BaSiGo-Guide: http://www.basigo.de/handbuch/Hauptseite.

Deutsche Gesetzliche Unfallversicherung Vorschriften und Regelwerke: http://www.dguv.de/de/praevention/vorschriften_regeln/index.jsp: Sichere Schule: https://www.sichere-schule.de/aula/.

Deutsches Ehrenamt – Eine Veranstaltung planen: https://deutsches-ehrenamt.de/verein-schuetzen/veranstaltung-planen/.

dthg – Arbeitsgruppe Veranstaltungssicherheit (2014) (PDF): https://www.dthg.de/resources/AGVS_Standpunkt_2015-04-08.pdf.

EVENTFAQ – Blog zum Veranstaltungsrecht: https://eventfaq.de/.

Leber, M. (2013). The little white book 3 ISBN 978-3-943586-02-2.

Stadt München – Veranstaltungssicherheit: https://www.muenchen.de/rathaus/Stadtverwaltung/Kreisverwaltungsreferat/Branddirektion-Muenchen/Einsatzvorbeugung/Veranstaltungsberatung.html; https://www.muenchen.de/rathaus/Stadtverwaltung/Kreisverwaltungsreferat/Branddirektion-Muenchen/Service-und-Downloads/Veranstalter.html; Handbuch: https://www.muenchen.de/rathaus/dam/jcr:7ad4293a-5d02-4088-a35f-3f83aac74c61/Veranstaltungssicherheit_10MB.pdf.

Veranstaltungen sicher machen – Kultur und Freizeit vor Ort schützen (PDF) Deutscher Städte- und Gemeindebund – DStGB – Dokumentation 141: https://www.dstgb.de/dstgb/Homepage/Publikationen/Dokumentationen/Nr.%20141%20-%20Veranstaltungen%20sicher%20machen/doku141.pdf.